FÁBULAS

LITERARIAS

TOMÁS DE IRIARTE

FÁBULAS LITERARIAS

PRÓLOGO

FÁBULA I

El Elefante y otros animales

(Ningún particular debe ofenderse de lo que se dice en común.)

Allá, en tiempo de entonces,
Y en tierras muy remotas,
Cuando hablaban los brutos
Su cierta jerigonza,
Notó el sabio Elefante
Que entre ellos era moda
Incurrir en abusos
Dignos de gran reforma.
Afeárselos quiere,
Y a este fin los convoca.
Hace una reverencia
A todos con la trompa,
Y empieza a persuadirlos
En una arenga docta,
Que para aquel intento
Estudió de memoria.
Abominando estuvo
Por más de un cuarto de hora
Mil ridículas faltas,
Mil costumbres viciosas:
La nociva pereza,
La afectada bambolla,
La arrogante ignorancia,
La envidia maliciosa.
Gustosos en extremo,
Y abriendo tanta boca,
Sus consejos oían
Muchos de aquella tropa:
El Cordero inocente,

La siempre fiel Paloma,
El leal Perdiguero,
La Abeja artificiosa,
El Caballo obediente,
La Hormiga afanadora,
El hábil Jilguerillo,
La simple Mariposa.
  Pero del auditorio
Otra porción no corta,
Ofendida, no pudo
Sufrir tanta parola.
El Tigre, el rapaz Lobo
Contra el censor se enojan.
¡Qué de injurias vomita
La Sierpe venenosa!
Murmuran por lo bajo,
Zumbando en voces roncas,
El Zángano, la Avispa,
El Tábano y la Mosca.
Sálense del concurso,
Por no escuchar sus glorias,
El Cigarrón dañino,
La Oruga y la Langosta.
La Garduña se encoge,
Disimula la Zorra,
Y el insolente Mono
Hace de todo mofa.
  Estaba el Elefante
Viéndolo con pachorra,
Y su razonamiento
Concluyó en esta forma:
"A todos y a ninguno
Mis advertencias tocan:
Quien las siente, se culpa;
El que no, que las oiga."
  Quien mis fábulas lea,
Sepa también que todas
Hablan a mil naciones,
No sólo a la española.
Ni de estos tiempos hablan,
Porque defectos notan
Que hubo en el mundo siempre,
Como los hay ahora.
Y pues no vituperan
Señaladas personas,
Quien haga aplicaciones
Con su pan se lo coma.

FÁBULA II

El Gusano de seda y la Araña

(Se ha de considerar la calidad de la obra, y no el tiempo que se ha
tardado en hacerla.)

Trabajando un Gusano su capullo,
La Araña, que tejía a toda prisa,
De esta suerte le habló con falsa risa,
Muy propia de su orgullo:
"¿Qué dice de mi tela el seor gusano?
Esta mañana la empecé temprano,
Y ya estará acabada a mediodía.
Mire qué sutil es, mire qué bella..."
El Gusano con sorna respondía:
"Usted tiene razón: ¡así sale ella!"

FÁBULA III

El Oso, la Mona y el Cerdo

(Nunca una obra se acredita tanto de mala como cuando la aplauden los necios.)

Un Oso con que la vida
Ganaba un piamontés,
La no muy bien aprendida
Danza ensayaba en dos pies.
Queriendo hacer de persona,
Dijo a una Mona: "¿Qué tal?"
Era perita la Mona,
Y respondióle: "Muy mal."
--"Yo creo, replicó el Oso,
Que me haces poco favor.
¿Pues qué? ¿mi aire no es garboso?
¿No hago el paso con primor?"
Estaba el Cerdo presente,
Y dijo: "Bravo, ¡bien va!
Bailarín más excelente
No se ha visto ni verá."
Echó el Oso, al oír esto,
Sus cuentas allá entre sí
Y, con ademán modesto,
Hubo de exclamar así:

"Cuando me desaprobaba
La Mona, llegué a dudar;
Mas ya que el Cerdo me alaba,
Muy mal debo de bailar."
    Guarde para su regalo
Esta sentencia un autor:
Si el sabio no aprueba, ¡malo!
Si el necio aplaude, ¡peor!

FÁBULA IV

La Abeja y los Zánganos

(Fácilmente se luce con citar y elogiar a los hombres grandes de la
antigüedad; el mérito está en imitarlos.)

    A tratar de un gravísimo negocio
Se juntaron los zánganos un día.
Cada cual varios medios discurría
Para disimular su inútil ocio;
Y por librarse de tan fea nota
A vista de los otros animales,
Aun el más perezoso y más idiota
Quería, bien o mal, hacer panales.
Mas como el trabajar les era duro,
Y el enjambre inexperto
No estaba muy seguro
De rematar la empresa con acierto,
Intentaron salir de aquel apuro
Con acudir a una colmena vieja,
Y sacar el cadáver de una Abeja
Muy hábil en su tiempo y laboriosa;
Hacerla, con la pompa más honrosa,
Unas grandes exequias funerales,
Y susurrar elogios inmortales
De lo ingeniosa que era
En labrar dulce miel y blanca cera.
    Con esto se alababan tan ufanos,
Que una Abeja les dijo por despique:
"¿No trabajáis más que eso? Pues, hermanos,
Jamás equivaldrá vuestro zumbido
A una gota de miel que yo fabrique."
    ¡Cuántos pasar por sabios han querido
Con citar a los muertos que lo han sido!
¡Y qué pomposamente que los citan!
Mas pregunto yo ahora: ¿los imitan?

FÁBULA V

Los dos Loros y la Cotorra

(Los que corrompen su idioma no tienen otro desquite que llamar
puristas a los que le hablan con propiedad, como si el serlo fuera
tacha.)

  De Santo Domingo trajo
Dos Loros una señora.
La isla en parte es francesa,
Y otra parte española.
Así, cada animalito
Hablaba distinto idioma.
Pusiéronlos al balcón,
Y aquello era Babilonia.
De francés y castellano
Hicieron tal pepitoria,
Que al cabo ya no sabían
Hablar ni una lengua ni otra.
El francés del español
Tomó voces, aunque pocas;
El español al francés
Casi se las tomó todas.
  Manda el ama separarlos;
Y el francés luego reforma
Las palabras que aprendió
De lengua que no es de moda.
El español, al contrario,
No olvida la jerigonza,
Y aun discurre que con ella
Ilustra su lengua propia.
Llegó a pedir en francés
Los garbanzos de la olla;
Y desde el balcón de enfrente
Una erudita Cotorra
La carcajada soltó,
Haciendo del Loro mofa.
Él respondió solamente,
Como por tacha afrentosa:
Vos no sois que una PURISTA[];
Y ella dijo: A mucha honra.
  ¡Vaya que los loros son
Lo mismo que las personas!

[Nota : Voz de que modernamente se valen los corruptores de nuestro
idioma, cuando pretenden ridiculizar a los que le hablan con pureza.]

El Mono y el Titiritero
(Sin claridad no hay obra buena.)

El fidedigno padre Valdecebro,
Que en discurrir historias de animales
Se calentó el celebro,
Pintándolos con pelos y señales;
Que en estilo encumbrado y elocuente
Del unicornio cuenta maravillas
Y el ave fénix cree a pie juntillas
(No tengo bien presente
Si es en el libro octavo o en el nono),
Refiere el caso de un famoso Mono.
Éste, pues, que era diestro
En mil habilidades, y servía
A un gran titiritero, quiso un día,
Mientras estaba ausente su maestro,
Convidar diferentes animales
De aquellos más amigos,
A que fuesen testigos
De todas sus monadas principales.
Empezó por hacer la mortecina;
Después bailó en la cuerda a la arlequina,
Con el salto mortal y la campana,
Luego el despeñadero,
La espatarrada, vueltas de carnero,
Y al fin el ejercicio a la prusiana.
De éstas y de otras gracias hizo alarde,
Mas lo mejor faltaba todavía;
Pues imitando lo que su amo hacía,
Ofrecerles pensó, porque la tarde
Completa fuese y la función amena,
De la linterna mágica una escena.
Luego que la atención del auditorio
Con un preparatorio
Exordio concilió, según es uso,
Detrás de aquella máquina se puso;
Y durante el manejo
De los vidrios pintados,
Fáciles de mover a todos lados,
Las diversas figuras
Iba explicando con locuaz despejo.
Estaba el cuarto a obscuras,
Cual se requiere en casos semejantes,
Y aunque los circunstantes
Observaban atentos,
Ninguno ver podía los portentos

Que con tanta parola y grave tono
Les anunciaba el ingenioso Mono.
  Todos se confundían, sospechando
Que aquello era burlarse de la gente.
Estaba el Mono ya corrido, cuando
Entró maese Pedro de repente,
E informado del lance, entre severo
Y risueño le dijo: "¡Majadero!
¿De qué sirve tu charla sempiterna,
Si tienes apagada la linterna?"
  Perdonadme, sutiles y altas Musas,
Las que hacéis vanidad de ser confusas:
¿Os puedo yo decir con mejor modo
Que sin la claridad os falta todo?

FÁBULA VII

La Campana y el Esquilón

(Con hablar poco y gravemente, logran muchos opinión de hombres grandes.)

  En cierta catedral una Campana había,
Que sólo se tocaba algún solemne día.
Con el más recio son, con pausado compás,
Cuatro golpes, o tres, solía dar no más.
Por esto, y ser mayor de la ordinaria marca,
Celebrada fué siempre en toda la comarca.
  Tenía la ciudad en su jurisdicción
Una aldea infeliz de corta población,
Siendo su parroquial una pobre iglesita,
Con chico campanario, a modo de una ermita;
Y un rajado Esquilón, pendiente en medio de él,
Era allí quien hacía el principal papel.
  A fin de que imitase aqueste campanario
Al de la catedral, dispuso el vecindario
Que despacio, y muy poco, el dichoso Esquilón
Se hubiese de tocar sólo en tal cual función.
Y pudo tanto aquello en la gente aldeana,
Que el Esquilón pasó por una gran campana.
Muy verosímil es, pues que la gravedad
Suple en muchos así por la capacidad.
Dígnanse rara vez de despegar sus labios,
Y piensan que con esto imitan a los sabios.

FÁBULA VIII

El Burro flautista

(Sin reglas del arte, el que en algo acierta, acierta por casualidad.)

Esta fabulilla,
Salga bien o mal,
Me ha ocurrido ahora
Por casualidad.
   Cerca de unos prados
Que hay en mi lugar,
Pasaba un Borrico
Por casualidad.
   Una flauta en ellos
Halló, que un zagal
Se dejó olvidada
Por casualidad.
   Acercóse a olerla
El dicho animal,
Y dió un resoplido
Por casualidad.
   En la flauta el aire
Se hubo de colar,
Y sonó la flauta
Por casualidad.
   ¡Oh! dijo el Borrico:
¡Qué bien sé tocar!
¡Y dirán que es mala
La música asnal!
   Sin reglas del arte,
Borriquitos hay
Que una vez aciertan
Por casualidad.

FÁBULA IX

La Hormiga y la Pulga

(Para no alabar las obras buenas, algunos las suponen de fácil ejecución.)

Tienen algunos un gracioso modo
De aparentar que se lo saben todo;
Pues cuando oyen o ven cualquiera cosa,
Por más nueva que sea y primorosa,

Muy trivial y muy fácil la suponen,
Y a tener que alabarla no se exponen.
Esta casta de gente
No se me ha de escapar, por vida mía,
Sin que lleve su fábula corriente,
Aunque gaste en hacerla todo un día.
  A la Pulga la Hormiga refería
Lo mucho que se afana,
Y con qué industrias el sustento gana,
De qué suerte fabrica el hormiguero,
Cuál es la habitación, cuál el granero,
Cómo el grano acarrea,
Repartiendo entre todas la tarea;
Con otras menudencias muy curiosas,
Que pudieran pasar por fabulosas
Si diarias experiencias
No las acreditasen de evidencias.
  A todas sus razones
Contestaba la Pulga, no diciendo
Más que estas u otras tales expresiones:
Pues ya... si... se supone... bien... lo entiendo...
Ya lo decía yo... sin duda... es claro...
Está visto: ¿tiene eso algo de raro?
La Hormiga, que salió de sus casillas
Al oír estas vanas respuestillas,
Dijo a la Pulga: "Amiga, pues yo quiero
Que venga usted conmigo al hormiguero.
Ya que con ese tono de maestra
Todo lo facilita y da por hecho,
Siquiera para muestra,
Ayúdenos en algo de provecho."
  La Pulga, dando un brinco muy ligera,
Respondió con grandísimo desuello:
"¡Miren qué friolera!
¿Y tanto piensas que me costaría?
Todo es ponerse a ello...
Pero... tengo que hacer... Hasta otro día."

FÁBULA X

La Parietaria y el Tomillo

(Nadie pretenda ser tenido por autor, sólo con poner
un ligero prólogo o algunas notas a libro ajeno.)

Yo leí, no sé dónde, que en la lengua herbolaria,

Saludando al Tomillo la hierba Parietaria,
Con socarronería le dijo de esta suerte:
"Dios te guarde, Tomillo: lástima me da verte;
Que aunque más oloroso que todas estas plantas,
Apenas medio palmo del suelo te levantas."
Él responde: "Querida, chico soy, pero crezco
Sin ayuda de nadie. Yo sí te compadezco;
Pues por más que presumas, ni medio palmo puedes
Medrar si no te arrimas a una de esas paredes."
  --Cuando veo yo algunos que de otros escritores
A la sombra se arriman, y piensan ser autores
Con poner cuatro notas o hacer un prologuillo,
Estoy por aplicarles lo que dijo el Tomillo.

FÁBULA XI

Los dos Conejos

(No debemos detenernos en cuestiones frívolas,
olvidando el asunto principal.)

  Por entre unas matas,
Seguido de perros
(No diré corría),
Volaba un Concjo.
  De su madriguera
Salió un compañero,
Y le dijo: "Tente,
Amigo; ¿qué es esto?"
  --"¿Qué ha de ser? responde:
Sin aliento llego...
Dos pícaros galgos
Me vienen siguiendo."
  --"Sí (replica el otro),
Por allí los veo...
Pero no son galgos."
--"¿Pues qué son?"--"Podencos."
  --"¿Qué? ¿Podencos dices?
Sí, como mi abuelo.
Galgos y muy galgos,
Bien vistos los tengo."
  --"Son podencos: vaya,
Que no entiendes de eso."
--"Son galgos te digo."
--"Digo que podencos."
  En esta disputa,

Llegando los perros,
Pillan descuidados
A mis dos Conejos.
  Los que por cuestiones
De poco momento
Dejan lo que importa,
Llévense este ejemplo.

FÁBULA XII

Los Huevos

(No falta quien quiera pasar por autor original, cuando no hace más que
repetir con corta diferencia lo que otros muchos han dicho.)

  Más allá de las islas Filipinas
Hay una, que ni sé cómo se llama,
Ni me importa saberlo, donde es fama
Que jamás hubo casta de gallinas,
Hasta que allá un viajero
Llevó por accidente un gallinero.
Al fin tal fué la cría, que ya el plato
Más común y barato
Era de huevos frescos; pero todos
Los pasaban por agua (que el viajante
No enseñó a componerlos de otros modos).
  Luego de aquella tierra un habitante
Introdujo el comerlos estrellados.
¡Oh qué elogios se oyeron a porfía
De su rara y fecunda fantasía!
Otro discurre hacerlos escalfados...
¡Pensamiento feliz! Otro, rellenos...
¡Ahora sí que están los huevos buenos!
Uno después inventa la tortilla,
Y todos claman ya: "¡Qué maravilla!"
  No bien se pasó un año,
Cuando otro dijo: "Sois unos petates;
Yo los haré revueltos con tomates."
Y aquel guiso de huevos tan extraño,
Con que toda la isla se alborota,
Hubiera estado largo tiempo en uso,
A no ser porque luego los compuso
Un famoso extranjero a la Hugonota.
  Esto hicieron diversos cocineros;
Pero ¡qué condimentos delicados
No añadieron después los reposteros!

Moles, dobles, hilados,
En caramelo, en leche,
En sorbete, en compota, en escabeche.
  Al cabo todos eran inventores,
Y los últimos huevos los mejores.
Mas un prudente anciano
Les dijo un día: "Presumís en vano
De esas composiciones peregrinas;
¡Gracias al que nos trajo las gallinas!"
  ¿Tantos autores nuevos
No se pudieran ir a guisar huevos
Más allá de las islas Filipinas?

FÁBULA XIII

El Pato y la Serpiente

(Más vale saber una cosa bien que muchas mal.)

  A orillas de un estanque,
Diciendo estaba un Pato:
"¿A qué animal dió el cielo
Los dones que me ha dado?
  "Soy de agua, tierra y aire:
Cuando de andar me canso,
Si se me antoja, vuelo;
Si se me antoja, nado."
  Una Serpiente astuta,
Que le estaba escuchando,
Le llamó con un silbo,
Y le dijo: "¡Seo guapo!
  "No hay que echar tantas plantas;
Pues ni anda como el gamo,
Ni vuela como el sacre,
Ni nada como el barbo;
  "Y así tenga sabido
Que lo importante y raro
No es entender de todo,
Sino ser diestro en algo."

FÁBULA XIV

El Manguito, el Abanico y el Quitasol

(También suele ser nulidad el no saber más que una cosa; extremo
opuesto del defecto reprendido en la fábula antecedente.)

  Si querer entender de todo
Es ridícula presunción,
Servir sólo para una cosa
Suele ser falta no menor.
  Sobre una mesa, cierto día,
Dando estaba conversación
A un Abanico y a un Manguito
Un Paraguas o Quitasol;
Y en la lengua que en otro tiempo
Con la Olla el Caldero habló,[]
A sus dos compañeros dijo:
"¡Oh qué buenas alhajas sois!
Tú, Manguito, en invierno sirves;
En verano vas a un rincón;
Tú, Abanico, eres mueble inútil
Cuando el frío sigue al calor.
No sabéis salir de un oficio:
Aprended de mí, pese a vos,
Que en el invierno soy Paraguas,
Y en el verano Quitasol."

[Nota : Alude a la fábula que escribe Esopo del Caldero y la
Olla, disculpándose con este ejemplo la impropiedad en que parece se
incurre haciendo hablar, no sólo a los animales, sino aun a las cosas
inanimadas, como son el Manguito, el Abanico y el Quitasol.]

FÁBULA XV

La Rana y el Renacuajo

(¡Qué despreciable es la poesía de mucha hojarasca!)

  En la orilla del Tajo
Hablaba con la Rana el Renacuajo,
Alabando las hojas, la espesura
De un gran cañaveral, y su verdura.
  Mas luego que del viento
El ímpetu lento

Una caña abatió, que cayó al río,
En tono de lección dijo la Rana:
"Ven a verla, hijo mío;
Por defuera muy tersa, muy lozana;
Por dentro toda fofa, toda vana."
  Si la Rana entendiera poesía,
También de muchos versos lo diría.

FÁBULA XVI

La Avutarda

(Muy ridículo papel hacen los plagiarios que escriben centones.)

  De sus hijos la torpe Avutarda
El pesado volar conocía,
Deseando sacar una cría
Más ligera, aunque fuese bastarda.
  A este fin muchos huevos robados,
De alcotán, de jilguero y paloma,
De perdiz y de tórtola, toma,
Y en su nido los guarda mezclados.
  Largo tiempo se estuvo sobre ellos;
Y aunque hueros salieron bastantes,
Produjeron por fin los restantes
Varias castas de pájaros bellos.
  La Avutarda mil aves convida
Por lucirlo con cría tan nueva;
Sus polluelos cada ave se lleva,
Y hete aquí la Avutarda lucida.
  Los que andáis empollando obras de otros,
Sacad, pues, a volar vuestra cría.
Ya dirá cada autor: "Ésta es mía";
Y veremos qué os queda a vosotros.

FÁBULA XVII

El Jilguero y el Cisne

(Nada sirve la fama, si no corresponden las obras.)

"Calla, tú, pajarillo vocinglero
(Dijo el Cisne al Jilguero):
¿A cantar me provocas, cuando sabes
Que de mi voz la dulce melodía
Nunca ha tenido igual entre las aves?"
  El Jilguero sus trinos repetía,
Y el Cisne continuaba: "¡Qué insolencia!
¡Miren cómo me insulta el musiquillo!
Si con soltar mi canto no le humillo,
Dé muchas gracias a mi gran prudencia."
  --"¡Ojalá que cantaras!
(Le respondió por fin el pajarillo);
¡Cuánto no admirarías
Con las cadencias raras
Que ninguno asegura haberte oído,
Aunque logran más fama que las mías!..."
Quiso el Cisne cantar, y dió un graznido.
  ¡Gran cosa! ganar crédito sin ciencia,
Y perderle en llegando a la experiencia.

FÁBULA XVIII

El Caminante y la Mula de Alquiler

(Los que empiezan elevando el estilo, se ven tal vez precisados a
humillarle después demasiado.)

  Harta de paja y cebada
Una Mula de alquiler
Salía de la posada,
  Y tanto empezó a correr,
Que apenas el caminante
La podía detener.
  No dudo que en un instante
Su media jornada haría;
Pero algo más adelante
  La falsa caballería
Ya iba retardando el paso.
"¿Si lo hará de picardía?...

"¡Arre!... ¿te paras?... Acaso
Metiendo la espuela... Nada.
Mucho me temo un fracaso.
   "Esta vara, que es delgada...
Menos... Pues este aguijón...
Mas ¿si estará ya cansada?"
   Coces tira... y mordiscón:
Se vuelve contra el jinete...
¡Oh qué corcovo, qué envión!
   Aunque las piernas apriete...
Ni por ésas... ¡Voto a quién!
Barrabás que la sujete...
   Por fin dió en tierra... ¡Muy bien!
¿Y eras tú la que corrías?...
¡Mal muermo te mate, amén!
   No me fiaré en mis días
De mula que empiece haciendo
Semejantes valentías.
   Después de este lance, en viendo
Que un autor ha principiado
Con altisonante estruendo,
   Al punto digo: "¡Cuidado!
¡Tente, hombre! que te has de ver
En el vergonzoso estado
De la mula de alquiler."

FÁBULA XIX

La Cabra y el Caballo

(Hay malos escritores que se lisonjean fácilmente de lograr fama
póstuma cuando no han podido merecerla en vida.)

   Estábase una Cabra muy atenta
Largo rato escuchando
De un acorde violín el eco blando.
Los pies se la bailaban de contenta,
Y a cierto Jaco, que también suspenso
Casi olvidaba el pienso,
Dirigió de esta suerte la palabra:
"¿No oyes de aquellas cuerdas la armonía?
Pues sabe que son tripas de una Cabra
Que fué en un tiempo compañera mía.
Confío (¡dicha grande!) que algún día
No menos dulces trinos
Formarán mis sonoros intestinos."

Volvióse el buen Rocín y respondióla:
"A fe que no resuenan esas cuerdas
Sino porque las hieren con las cerdas
Que sufrí me arrancasen de la cola.
Mi dolor me costó, pasé mi susto;
Pero, al fin, tengo el gusto
De ver qué lucimiento
Debe a mi auxilio el músico instrumento.
Tú, que satisfacción igual esperas,
¿Cuándo la gozarás? Después que mueras."
  Así, ni más ni menos, porque en vida
No ha conseguido ver su obra aplaudida
Algún mal escritor, al juicio apela
De la posteridad, y se consuela.

FÁBULA XX

La Abeja y el Cuclillo

(La variedad es requisito indispensable en las obras de gusto.)

  Saliendo del colmenar,
Dijo al Cuclillo la Abeja:
"Calla, porque no me deja
Tu ingrata voz trabajar.
  "No hay ave tan fastidiosa
En el cantar como tú:
Cucú, cucú, y más cucú,
Y siempre una misma cosa."
  --"¿Te cansa mi canto igual?
(El Cuclillo respondió):
Pues a fe que no hallo yo
Variedad en tu panal.
  "Y pues que del propio modo
Fabricas uno que ciento,
Si yo nada nuevo invento,
En ti es viejísimo todo."
  A esto la Abeja replica:
"En obra de utilidad,
La falta de variedad
No es lo que más perjudica;
  "Pero en obra destinada
Sólo al gusto y diversión,
Si no es varia la invención,
Todo lo demás es nada."

FÁBULA XXI

El Ratón y el Gato

(Alguno que ha alabado una obra ignorando quién es su autor, suele
vituperarla después que lo sabe.)

   Tuvo Esopo famosas ocurrencias,
¡Qué invención tan sencilla! ¡qué sentencias!...
He de poner, pues que la tengo a mano,
Una fábula suya en castellano.
   "Cierto (dijo un Ratón en su agujero),
No hay prenda más amable y estupenda
Que la fidelidad; por eso quiero
Tan de veras al perro perdiguero."
Un Gato replicó: "Pues esa prenda
Yo la tengo también..." Aquí se asusta
Mi buen Ratón, se esconde,
Y, torciendo el hocico, le responde:
"¡Cómo! ¿la tienes tú?... Ya no me gusta."
   La alabanza que muchos creen justa,
Injusta les parece
Si ven que su contrario la merece.
   ¿Qué tal, señor lector? La fabulilla
Puede ser que le agrade, y que le instruya.
--"Es una maravilla;
Dijo Esopo una cosa como suya."
--"Pues mire usted: Esopo no la ha escrito;
Salió de mi cabeza."--"¿Conque es tuya?"
   --"Sí, señor erudito:
Ya que antes tan feliz le parecía,
Critíquemela ahora porque es mía."

FÁBULA XXII

La Lechuza

Y

FÁBULA XXIII

Los Perros y el Trapero

(Atreverse a los autores muertos, y no a los vivos, no sólo es
cobardía, sino traición.)

Cobardes son y traidores
Ciertos críticos, que esperan,
Para impugnar, a que mueran
Los infelices autores,
Porque vivos respondieran.
    Un breve caso a este intento
Contaba una abuela mía.
Diz que un día en un convento
Entró una Lechuza... miento,
Que no debió ser un día;
    Fué, sin duda, estando el sol
Ya muy lejos del ocaso...
Ella, en fin, encontró al paso
Una lámpara o farol
(Que es lo mismo para el caso).
    Y volviendo la trasera,
Exclamó de esta manera:
"Lámpara, ¡con qué deleite
Te chupara yo el aceite,
Si tu luz no me ofendiera!
    "Mas ya que ahora no puedo,
Porque estás bien atizada,
Si otra vez te hallo apagada,
Sabré, perdiéndote el miedo,
Darme una buena panzada."

    Aunque renieguen de mí
Los críticos de que trato,
Para darles un mal rato,
En otra fábula aquí
Tengo de hacer su retrato.
    Estando pues un Trapero
Revolviendo un basurero,
Ladrábanle (como suelen
Cuando a tales hombres huelen)
Dos parientes del Cerbero.
    Y díjoles un lebrel:
"Dejad a ese perillán
Que sabe quitar la piel
Cuando encuentra muerto un can,
Y cuando vivo, huye de él."

FÁBULA XXIV

El Papagayo, el Tordo y la Marica

(Conviene estudiar los autores originales, y no los copiantes y malos traductores.)

Oyendo un Tordo hablar a un Papagayo,
Quiso que él, y no el hombre, le enseñara;
Y con solo un ensayo
Creyó tener pronunciación tan clara,
Que en ciertas ocasiones
A una Marica daba ya lecciones.
Así salió tan diestra la Marica
Como aquel que al estudio se dedica
Por copias y por malas traducciones.

FÁBULA XXV

El Lobo y el Pastor

(El libro que de suyo es malo, no deja de serlo porque tenga tal cual cosa buena.)

Cierto Lobo, hablando con cierto Pastor,
"Amigo (le dijo), yo no sé por qué
Me has mirado siempre con odio y horror.
Tiénesme por malo; no lo soy a fe.
"Mi piel, en invierno, ¡qué abrigo no da!
Achaques humanos cura más de mil;
Y otra cosa tiene, que seguro está
Que la piquen pulgas ni otro insecto vil.
"Mis uñas no trueco por las del tejón,
Que contra el mal de ojo tienen gran virtud.
Mis dientes, ya sabes cuan útiles son,
Y a cuántos con mi unto he dado salud."
El Pastor responde: "¡Perverso animal!
Maldígate el Cielo, maldígate, amén;
Después que estás harto de hacer tanto mal,
¿Qué importa que puedas hacer algún bien?"
Al diablo los doy
Tantos libros Lobos como corren hoy.

FÁBULA XXVI

El León y el Águila

(Los que quieren hacer a dos partidos, suelen conseguir el desprecio de ambos.)

El Águila y el León
Gran conferencia tuvieron
Para arreglar entre sí
Ciertos puntos de gobierno.
Dió el Águila muchas quejas
Del murciélago, diciendo:
"¿Hasta cuándo este avechucho
Nos ha de traer revueltos?
Con mis pájaros se mezcla,
Dándose por uno de ellos;
Y alega varias razones,
Sobre todo la del vuelo.
Mas, si se le antoja, dice:
Hocico, y no pico, tengo.
¿Cómo ave queréis tratarme?
Pues cuadrúpedo me vuelvo.
Con mis vasallos murmura
De los brutos de tu imperio;
Y cuando con éstos vive,
Murmura también de aquéllos."
"--Está bien, dijo el León:
Yo te juro que en mis reinos
No entre más."--"Pues en los míos,
Respondió el Águila, menos."
Desde entonces solitario
Salir de noche le vemos;
Pues ni alados, ni patudos,
Quieren ya tal compañero.
Murciélagos literarios,
Que hacéis a pluma y a pelo,
Si queréis vivir con todos,
Miraos en este espejo.

FÁBULA XXVII

La Mona

(Hay trajes propios de algunas profesiones literarias, con los cuales
aparentan muchos el talento que no tienen.)

Aunque se vista de seda
La Mona, Mona se queda.
El refrán lo dice así;
Yo también lo diré aquí,
Y con eso lo verán
En fábula y en refrán.
Un traje de colorines,
Como el de los matachines,
Cierta Mona se vistió;
Aunque más bien creo yo
Que su amo la vestiría,
Porque difícil sería
Que tela y sastre encontrase.
El refrán lo dice: pase.
Viéndose ya tan galana,
Saltó por una ventana
Al tejado de un vecino,
Y de allí tomó el camino
Para volverse a Tetuán.
Esto no dice el refrán,
Pero lo dice una historia
De que apenas hay memoria,
Por ser el autor muy raro
(Y poner el hecho en claro
No le habrá costado poco).
Él no supo, ni tampoco
He podido saber yo,
Si la Mona se embarcó,
O si rodeó tal vez
Por el istmo de Suez:
Lo que averiguado está
Es que por fin llegó allá.
Vióse la señora mía
En la amable compañía
De tanta mona desnuda;
Y cada cual la saluda
Como a un alto personaje,
Admirándose del traje,
Y suponiendo sería
Mucha la sabiduría,
Ingenio y tino mental
Del petimetre animal.

Opinan luego al instante,
Y nemine discrepante,
Que a la nueva compañera
La dirección se confiera
De cierta gran correría,
Con que buscar se debía
En aquel país tan vasto
La provisión para el gasto
De toda la mona tropa.
(¡Lo que es tener buena ropa!)
  La directora, marchando
Con las huestes de su mando,
Perdió, no sólo el camino,
Sino, lo que es más, el tino;
Y sus necias compañeras
Atravesaron laderas,
Bosques, valles, cerros, llanos,
Desiertos, ríos, pantanos;
Y al cabo de la jornada
Ninguna dió palotada;
Y eso que en toda su vida
Hicieron otra salida
En que fuese el capitán
Más tieso ni más galán.
Por poco no queda mona
A vida con la intentona;
Y vieron por experiencia
Que la ropa no da ciencia.
  Pero, sin ir a Tetuán,
También acá se hallarán
Monos que, aunque se vistan de estudiantes,
Se han de quedar lo mismo que eran antes.

FÁBULA XXVIII

El Asno y su Amo

(Quien escribe para el público, y no escribe bien, no debe fundar su
disculpa en el mal gusto del vulgo.)

"Siempre acostumbra hacer el vulgo necio
De lo bueno y lo malo igual aprecio:
Yo le doy lo peor, que es lo que alaba."
  De este modo sus yerros disculpaba
Un escritor de farsas indecentes;
Y un taimado poeta que lo oía,

Le respondió en los términos siguientes:
  "Al humilde Jumento
Su dueño daba paja, y le decía:
Toma, pues que con eso estás contento.
Díjolo tantas veces, que ya un día
Se enfadó el Asno, y replicó: Yo tomo
Lo que me quieres dar; pero, hombre injusto,
¿Piensas que sólo de la paja gusto?
Dame grano, y verás si me lo como."
  Sepa quien para el público trabaja,
Que tal vez a la plebe culpa en vano;
Pues si en dándole paja, come paja,
Siempre que la dan grano, come grano.

FÁBULA XXIX

El Gozque y el Macho de noria

(Nadie emprenda obra superior a sus fuerzas.)

  Bien habrá visto el lector,
En hostería o convento,
Un artificioso invento
Para andar el asador.
  Rueda de madera es
Con escalones, y un Perro,
Metido en aquel encierro,
Le da vueltas con los pies.
  Parece que cierto Can,
Que la máquina movía,
Empezó a decir un día:
"Bien trabajo; y ¿qué me dan?
  "¡Cómo sudo, ay infeliz!
Y al cabo, por grande exceso,
Me arrojarán algún hueso
Que sobre de esa perdiz.
  "Con mucha incomodidad
Aquí la vida se pasa:
Me iré, no sólo de casa,
Mas también de la ciudad."
  Apenas le dieron suelta,
Huyendo con disimulo,
Llegó al campo, en donde un Mulo
A una noria daba vuelta.
  Y no le hubo visto bien,
Cuando dijo: "¿Quién va allá?

Parece que por acá
Asamos carne también."
  --"No aso carne, que agua saco"
(El Macho le respondió).
--"Eso también lo haré yo
(Saltó el Can), aunque estoy flaco.
  "Como esa rueda es mayor,
Algo más trabajaré.
¿Tanto pesa?... Pues ¿y qué?
¿No ando la de mi asador?
  "Me habrán de dar, sobre todo,
Más ración, tendré más gloria..."
Entonces el de la noria
Le interrumpió de este modo:
  "Que se vuelva le aconsejo
A voltear su asador,
Que esta empresa es superior
A las fuerzas de un Gozquejo."
  ¡Miren el Mulo bellaco,
Y qué bien le replicó!
Lo mismo he leído yo
En un tal Horacio Flacco,
  Que a un autor da por gran yerro
Cargar con lo que después
No podrá llevar: esto es,
Que no ande la noria el Perro.

FÁBULA XXX

El Erudito y el Ratón

(Hay casos en que es necesaria la crítica severa.)

  En el cuarto de un célebre Erudito
Se hospedaba un Ratón, ¡ratón maldito!
Que no se alimentaba de otra cosa
Que de roerle siempre verso y prosa.
  Ni de un gatazo el vigilante celo
Pudo llegarle al pelo,
Ni extrañas invenciones
De varias e ingeniosas ratoneras,
O el rejalgar en dulces confecciones,
Curar lograron su incesante anhelo
De registrar las doctas papeleras,
Y acribillar las páginas enteras.
  Quiso luego la trampa

Que el perseguido autor diese a la estampa
Sus obras de elocuencia y poesía;
Y aquel bicho travieso,
Si antes lo manuscrito le roía,
Mucho mejor roía ya lo impreso.
  "¡Qué desgracia la mía!
(El literato exclama): ya estoy harto
De escribir para gente roedora;
Y por no verme en esto, desde ahora
Papel blanco no más habrá en mi cuarto.
Yo haré que este desorden se corrija..."
Pero sí; la traidora Sabandija,
Tan hecha a malas mañas, igualmente
En el blanco papel hincaba el diente.
  El Autor, aburrido,
Echa en la tinta dósis competente
De solimán molido:
Escribe (yo no sé si en prosa o verso):
Devora, pues, el animal perverso,
Y revienta por fin... "¡Feliz receta!
(Dijo entonces el crítico poeta):
Quien tanto roe, mire no le escriba
Con un poco de tinta corrosiva."
  Bien hace quien su crítica modera;
Pero usarla conviene más severa
Contra censura injusta y ofensiva,
Cuando no hablar con sincero denuedo
Poca razón arguye, o mucho miedo.

FÁBULA XXXI

La Ardilla y el Caballo

(Algunos emplean en obras frívolas tanto afán otros en las
importantes.)

  Mirando estaba una Ardilla
A un generoso Alazán,
Que dócil a espuela y rienda,
Se adestraba en galopar.
  Viéndole hacer movimientos
Tan veloces y a compás,
De aquesta suerte le dijo
Con muy poca cortedad:
    "Señor mío,
    De ese brío,

Ligereza
Y destreza
No me espanto,
Que otro tanto
Suelo hacer, y acaso más.
Yo soy viva,
Soy activa,
Me meneo,
Me paseo,
Yo trabajo,
Subo y bajo,
No me estoy quieta jamás."
 El paso detiene entonces
El buen Potro, y muy formal,
En los términos siguientes
Respuesta a la Ardilla da:
"Tantas idas
Y venidas,
Tantas vueltas
Y revueltas
(Quiero, amiga,
Que me diga),
¿Son de alguna utilidad?
Yo me afano;
Mas no en vano.
Sé mi oficio,
Y en servicio
De mi dueño
Tengo empeño
De lucir mi habilidad."
 Conque algunos escritores
Ardillas también serán
Si en obras frívolas gastan
Todo el calor natural.

FÁBULA XXXII

El Galán y la Dama

(Cuando un autor ha llegado a ser famoso, todo se le aplaude.)

Cierto Galán a quien París aclama
Petimetre del gusto más extraño,
Que cuarenta vestidos muda al año,
Y el oro y plata sin temor derrama,
 Celebrando los días de su dama,
Unas hebillas estrenó de estaño,

Sólo para probar con este engaño
Lo seguro que estaba de su fama.
  "¡Bella plata! ¡qué brillo tan hermoso!
(Dijo la dama): ¡viva el gusto y numen
Del Petimetre, en todo primoroso!"
  Y ahora digo yo: llene un volumen
De disparates un autor famoso,
Y si no le alabaren, que me emplumen.

FÁBULA XXXIII

El Avestruz, el Dromedario y la Zorra

(También en la literatura suele dominar el espíritu de paisanaje.)

  Para pasar el tiempo congregada
Una tertulia de animales varios
(Que también entre brutos hay tertulias),
Mil especies en ella se tocaron.
  Hablóse allí de las diversas prendas
De que cada animal está dotado:
Éste a la hormiga alaba, aquél al perro;
Quién a la Abeja, quién al Papagayo.
  "No (dijo el Avestruz): en mi dictamen
No hay más bello animal que el Dromedario."
El Dromedario dijo: "Yo confieso
Que solo el Avestruz es de mi agrado."
  Ninguno adivinó por qué motivo
Tan raro gusto acreditaban ambos.
¿Será porque los dos abultan mucho?
¿O por tener los dos los cuellos largos?
  ¿O porque el Avestruz es algo simple,
Y no muy advertido el Dromedario?
¿O bien porque son feos uno y otro?
¿O porque tienen en el pecho un callo?
  O puede ser también... "No es nada de eso
(La Zorra interrumpió); ya di en el caso.
¿Sabéis por qué motivo el uno al otro
Tanto se alaban? Porque son paisanos."[]
  En efecto, ambos eran berberiscos;
Y no fué juicio, no, tan temerario
El de la Zorra, que no pueda hacerse
Tal vez igual de algunos literatos.

[Nota : Amor patriæ [ratione] valentior omni. (Ovid., Ex Ponto,
epist. iii, lib. i.)]

FÁBULA XXXIV

El Cuervo y el Pavo

(Cuando se trata de notar los defectos de una obra, no deben censurarse
los personales de su autor.)

Pues, como digo, es el caso
(Y vaya de cuento)
Que a volar se desafiaron
Un Pavo y un Cuervo.
 Al término señalado
Cuál llegó primero,
Considérelo quien de ambos
Haya visto el vuelo.
 "Aguárdate (dijo el Pavo
Al cuervo de lejos):
¿Sabes lo que estoy pensando?
Que eres negro y feo.
 "Escucha: también reparo
(Le gritó más recio)
En que eres un pajarraco
De muy mal agüero.
 "Quita allá, que me das asco,
Grandísimo puerco;
Sí, que tienes por regalo
Comer cuerpos muertos."
 --"Todo eso no viene al caso
(Le responde el Cuervo),
Porque aquí sólo tratamos
De ver qué tal vuelo."
 Cuando en las obras del sabio
No encuentra defectos,
Contra la persona cargos
Suele hacer el necio.

FÁBULA XXXV

La Oruga y la Zorra

(La literatura es la profesión en que más se verifica el proverbio:
¿Quién es tu enemigo? El de tu oficio.)

Si se acuerda el lector de la tertulia
En que, a presencia de animales varios,
La Zorra adivinó por qué se daban

Elogios avestruz y dromedario;
  Sepa que en la mismísima tertulia
Un día se trataba del gusano,
Artífice ingenioso de la seda,
Y todos ponderaban su trabajo.
  Para muestra presentan un capullo;
Examínanle, crecen los aplausos;
Y aun el topo, con todo que es un ciego,
Confesó que el capullo era un milagro.
  Desde un rincón la Oruga murmuraba
En ofensivos términos, llamando
La labor admirable, friolera,
Y a sus elogiadores, mentecatos.
  Preguntábanse, pues, unos a otros:
"¿Por qué este miserable gusarapo
El único ha de ser que vitupere
Lo que todos acordes alabamos?"
  Saltó la Zorra y dijo: "¡Pese a mi alma!
El motivo no puede estar más claro.
¿No sabéis, compañeros, que la Oruga
También labra capullos, aunque malos?"
  ¡Laboriosos ingenios perseguidos!
¿Queréis un buen consejo? Pues, cuidado:
Cuando os provoquen ciertos envidiosos,
No hagáis más que contarles este caso.

FÁBULA XXXVI

La compra del Asno

(A los que compran libros sólo por la encuadernación.)

  Ayer por mi calle
Pasaba un Borrico,
El más adornado
Que en mi vida he visto.
Albarda y cabestro
Eran nuevecitos,
Con flecos de seda
Rojos y amarillos.
Borlas y penacho
Llevaba el pollino,
Lazos, cascabeles
Y otros atavíos.
Y hechos a tijera
Con arte prolijo,

En pescuezo y anca
Dibujos muy lindos.
Parece que el dueño,
Que es, según me han dicho,
Un chalán gitano
De los más ladinos,
Vendió aquella alhaja
A un hombre sencillo;
Y añaden que al pobre
Le costó un sentido.
Volviendo a su casa,
Mostró a sus vecinos
La famosa compra;
Y uno de ellos dijo:
"Veamos, compadre,
Si este animalito
Tiene tan buen cuerpo
Como buen vestido."
Empezó a quitarle
Todos los aliños,
Y bajo la albarda,
Al primer registro,
Le hallaron el lomo
Asaz malferido,
Con seis mataduras
Y tres lobanillos,
Amén de dos grietas,
Y un tumor antiguo,
Que bajo la cincha
Estaba escondido.
   "Burro (dijo el hombre)
Más que el Burro mismo
Soy yo, que me pago
De adornos postizos."
   A fe que este lance
No echaré en olvido,
Pues viene de molde
A un amigo mío,
El cual a buen precio
Ha comprado un libro
Bien encuadernado,
Que no vale un pito.

FÁBULA XXXVII

El Buey y la Cigarra

(Muy necio y envidioso es quien afea un pequeño
descuido en una obra grande.)

  Arando estaba el Buey; y a poco trecho,
La Cigarra, cantando, le decía:
"¡Ay, ay! ¡qué surco tan torcido has hecho!"
Pero él la respondió: "Señora mía,
Si no estuviera lo demás derecho,
Usted no conociera lo torcido.
Calle, pues, la haragana reparona;
Que a mi amo sirvo bien, y él me perdona
Entre tantos aciertos un descuido."
  ¡Miren quién hizo a quién cargo tan fútil!
Una Cigarra al animal más útil.
Mas ¿si me habrá entendido
El que a tachar se atreve
En obras grandes un defecto leve?

FÁBULA XXXVIII

El Guacamayo y la Marmota

(Ordinariamente no es escritor de gran mérito
el que hace venal el ingenio.)

  Un pintado Guacamayo
Desde un mirador veía
Cómo un extranjero payo
(Que saboyano sería)
  Por dinero una alimaña
Enseñaba, muy feota,
Dándola por cosa extraña;
Es a saber, la Marmota.
  Salía de su cajón
Aquel ridículo bicho;
Y el ave desde el balcón
Le dijo: "¡Raro capricho!
  "Siendo tú fea, ¡que así
Dinero por verte den,
Cuando siendo hermoso, aquí
Todos de balde me ven!

"Puede que seas, no obstante,
Algún precioso animal;
Mas yo tengo ya bastante
Con saber que eres venal."
   Oyendo esto un mal autor,
Se fué como avergonzado.
--¿Por qué?--Porque un impresor
Le tenía asalariado.

FÁBULA XXXIX

El Retrato de Golilla

(Si es vicioso el uso de voces extranjeras modernamente introducidas,
también lo es, por el contrario, el de las anticuadas.)

   De frase extranjera el mal pegadizo
Hoy a nuestro idioma gravemente aqueja;
Pero habrá quien piense que no habla castizo
Si por lo anticuado lo usado no deja.
Voy a entretenelle con una conseja;
Y porque le traiga más contentamiento,
En su mesmo estilo referille intento,
Mezclando dos hablas, la nueva y la vieja.
   No sin hartos celos un pintor de hogaño
Vía cómo agora gran loa y valía
Alcanzan algunos retratos de antaño;
Y el no remedallos a mengua tenía:
Por ende, queriendo retratar un día
A cierto rico-home, señor de gran cuenta,
Juzgó que lo antiguo de la vestimenta
Estima de rancio al cuadro daría.
   Segundo Velázquez creyó ser con esto;
Y ansí que del rostro toda la semblanza
Hubo trasladado, golilla le ha puesto,
Y otros atavíos a la antigua usanza.
La tabla a su dueño lleva sin tardanza,
El cual espantado fincó desque vido
Con añejas galas su cuerpo vestido,
Maguer que le plugo la faz abastanza.
   Empero una traza le vino a las mientes
Con que al retratante dar su galardón.
Guardaba, heredadas de sus ascendientes,
Antiguas monedas en un viejo arcón.
Del Quinto Fernando muchas de ellas son,
Allende de algunas de Carlos Primero,

De entrambos Filipos Segundo y Tercero;
Y henchido de todas le endonó un bolsón.
   "Con estas monedas, o siquier medallas
(El pintor le dice), si voy al mercado
Cuando me cumpliere mercar vituallas,
Tornaré a mi casa con un buen recado."
--"¡Pardiez! (dijo el otro), ¿no me habéis pintado
En traje que un tiempo fué muy señoril,
Y agora le viste sólo un alguacil?
Cual me retratasteis, tal os he pagado.
   "Llevaos la tabla, y el mi corbatín
Pintadme al proviso en vez de golilla;
Cambiadme esa espada en el mi espadín,
Y en la mi casaca trocad la ropilla;
Ca non habrá nadie en toda la villa
Que, al verme en tal guisa, conozca mi gesto:
Vuestra paga entonces contaros-he presto
En buena moneda corriente en Castilla."
   Ora pues, si a risa provoca la idea
Que tuvo aquel sandio moderno pintor,
¿No hemos de reírnos siempre que chochea
Con ancianas frases un novel autor?
Lo que es afectado juzga que es primor;
Habla puro a costa de la claridad,
Y no halla voz baja para nuestra edad,
Si fué noble en tiempo del Cid Campeador.

FÁBULA XL

Los dos Huéspedes

(Las portadas ostentosas de los libros engañan mucho.)

   Pasando por un pueblo
De la montaña,
Dos caballeros mozos
Buscan posada.
   De dos vecinos
Reciben mil ofertas
Los dos amigos.
   Porque a ninguno quieren
Hacer desaire,
En casa de uno y otro
Van a hospedarse.
   De ambas mansiones
Cada Huésped la suya

A gusto escoge.
   La que el uno prefiere
Tiene un gran patio
Y bello frontispicio,
Como un palacio:
   Sobre la puerta
Su escudo de armas tiene,
Hecho de piedra.
   La del otro la vista
No era tan grande;
Mas dentro no faltaba
Donde alojarse;
   Como que había
Piezas de muy buen temple,
Claras y limpias.
   Pero el otro palacio
Del frontispicio
Era, además de estrecho,
Obscuro y frío:
   Mucha portada,
Y por dentro desvanes
A teja vana.
   El que allí pasó un día
Mal hospedado,
Contaba al compañero
El fuerte chasco;
   Pero él le dijo:
"Otros chascos como ése
Dan muchos libros."

FÁBULA XLI

El Té y la Salvia

(Algunos sólo aprecian la literatura extranjera, y no tienen la menor
noticia de la de su nación.)

   El Té, viniendo del imperio chino,
Se encontró con la Salvia en el camino.
Ella le dijo: "¿Adónde vas, compadre?"
--"A Europa voy, comadre,
Donde sé que me compran a buen precio."
--"Yo (respondió la Salvia) voy a China,
Que allá con sumo aprecio
Me reciben por gusto y medicina.[]
En Europa me tratan de salvaje,

Y jamás he podido hacer fortuna."
--"Anda con Dios. No perderás el viaje,
Pues no hay nación alguna
Que a todo lo extranjero
No dé con gusto aplausos y dinero."
   La Salvia me perdone,
Que al comercio su máxima se opone.
Si hablase del comercio literario,
Yo no defendería lo contrario;
Porque en él para algunos es un vicio
Lo que es en general un beneficio;
Y español que tal vez recitaría
Quinientos versos de Boileau y el Taso,
Puede ser que no sepa todavía
En qué lengua los hizo Garcilaso.

[Nota : Los chinos estiman tanto la salvia, que por una caja de
esta hierba suelen dar dos, y a veces tres, de té verde. Véase el
Diccionario de Historia natural, de M. Valmont de Bomare, en el
artículo Sauge.]

FÁBULA XLII

El Gato, el Lagarto y el Grillo

(Por más ridículo que sea el estilo retumbante, siempre habrá necios
que le aplaudan, sólo por la razón de que se quedan sin entenderle.)

   Ello es que hay animales muy científicos
En curarse con varios específicos,
Y en conservar su construcción orgánica,
Como hábiles que son en la botánica;
Pues conocen las hierbas diuréticas,
Catárticas, narcóticas, eméticas,
Febrífugas, estípticas, prolíficas,
Cefálicas también y sudoríficas.
   En esto era gran práctico y teórico
Un Gato, pedantísimo retórico,
Que hablaba en un estilo tan enfático
Como el más estirado catedrático.
Yendo a caza de plantas salutíferas,
Dijo a un lagarto: "¡Qué ansias tan mortíferas!
Quiero por mis turgencias semihidrópicas
Chupar el zumo de hojas heliotrópicas."
   Atónito el Lagarto con lo exótico
De todo aquel preámbulo estrambótico,

No entendió más la frase macarrónica
Que si le hablasen lengua babilónica.
Pero notó que el charlatán ridículo
De hojas de girasol llenó el ventrículo,
Y le dijo: "Ya, en fin, señor hidrópico,
He entendido lo que es zumo heliotrópico."
¡Y no es bueno que un Grillo, oyendo el diálogo,
Aunque se fué en ayunas del catálogo
De términos tan raros y magníficos,
Hizo del Gato elogios honoríficos!
Sí; que hay quien tiene la hinchazón por mérito,
Y el hablar liso y llano por demérito.
  Mas ya que esos amantes de hiperbólicas
Cláusulas y metáforas diabólicas
De retumbantes voces el depósito
Apuran, aunque salga un despropósito,
Caiga sobre su estilo problemático
Este apólogo esdrújulo-enigmático.

FÁBULA XLIII

La Música de los Animales

(Cuando se trabaja una obra entre muchos, cada uno quiere apropiársela
si es buena, y echa la culpa a los otros si es mala.)

  Atención, noble auditorio,
Que la bandurria he templado,
Y han de dar gracias cuando oigan
La jácara que les canto.
  En la corte del león,
Día de su cumpleaños,
Unos cuantos animales
Dispusieron un sarao;
Y para darle principio
Con el debido aparato,
Creyeron que una academia
De música era del caso.
  Como en esto de elegir
Los papeles adecuados
No todas veces se tiene
El acierto necesario,
Ni hablaron del ruiseñor,
Ni del mirlo se acordaron,
Ni se trató de calandria,
De jilguero ni canario.

Menos hábiles cantores,
Aunque más determinados,
Se ofrecieron a tomar
La diversión a su cargo.
  Antes de llegar la hora
Del canticio preparado,
Cada músico decía:
"¡Ustedes verán qué rato!"
Y al fin la capilla junta
Se presenta en el estrado,
Compuesta de los siguientes
Diestrísimos operarios.
Los tiples eran dos grillos;
Rana y cigarra, contraltos;
Dos tábanos los tenores;
El cerdo y el burro, bajos.
Con qué agradable cadencia,
Con qué acento delicado
La música sonaría,
No es menester ponderarlo.
Baste decir que los más
Las orejas se taparon,
Y, por respeto al león,
Disimularon el chasco.
  La rana por los semblantes
Bien conoció, sin embargo,
Que habían de ser muy pocas
Las palmadas y los bravos.
Salióse del corro y dijo:
"¡Cómo desentona el asno!"
Este replicó: "Los tiples
Sí que están desentonados."
--"Quien lo echa todo a perder
(Añadió un grillo chillando)
Es el cerdo."--"Poco a poco
(Respondió luego el marrano);
Nadie desafina más
Que la cigarra, contralto."
--"Tenga modo, y hable bien
(Saltó la cigarra); es falso;
Esos tábanos tenores
Son los autores del daño."
Cortó el león la disputa,
Diciendo: "¡Grandes bellacos!
¿Antes de empezar la solfa,
No la estabais celebrando?
Cada uno para sí
Pretendía los aplausos,
Como que se debería
Todo el acierto a su canto.

Mas viendo ya que el concierto
Es un infierno abreviado,
Nadie quiere parte en él,
Y a los otros hace cargos.
Jamás volváis a poneros
En mi presencia: ¡mudaos!
Que si otra vez me cantáis,
Tengo de hacer un estrago."
  ¡Así permitiera el Cielo
Que sucediera otro tanto
Cuando, trabajando a escote
Tres escritores o cuatro,
Cada cual quiere la gloria
Si es bueno el libro, o mediano,
Y los compañeros tienen
La culpa si sale malo!

FÁBULA XLIV

La Espada y el Asador

(Contra dos especies de malos traductores.)

  Sirvió en muchos combates una espada
Tersa, fina, cortante, bien templada,
La más famosa que salió de mano
De insigne fabricante toledano.
Fué pasando a poder de varios dueños,
Y airosos los sacó de mil empeños.
Vendióse en almonedas diferentes
Hasta que por extraños accidentes
Vino, en fin, a parar (¡quién lo diría!)
A un obscuro rincón de una hostería,
Donde, cual mueble inútil arrimada,
Se tomaba de orín. Una criada,
Por mandado de su amo el posadero,
Que debía de ser gran majadero,
Se la llevó una vez a la cocina,
Atravesó con ella una gallina,
Y héteme un asador hecho y derecho
La que una espada fué de honra y provecho.
  Mientras esto pasaba en la posada,
En la corte comprar quiso una espada
Cierto recién llegado forastero,
Transformado de payo en caballero.
El espadero, viendo que al presente

40

Es la espada un adorno solamente,
Y que pasa por buena cualquier hoja,
Siendo de moda el puño que se escoja,
Díjole que volviese al otro día.
Un asador que en su cocina había
Luego desbasta, afila y acicala,
Y por espada de Tomás de Ayala
Al pobre forastero, que no entiende
De semejantes compras, se le vende;
Siendo tan picarón el espadero
Como fué mentecato el posadero.
  Mas ¿de igual ignorancia o picardía
Nuestra nación quejarse no podría
Contra los traductores de dos clases,
Que infestada la tienen con sus frases?
Unos traducen obras celebradas,
Y en asadores vuelven las espadas;
Otros hay que traducen las peores,
Y venden por espadas asadores.

FÁBULA XLV

Los cuatro Lisiados

(Las obras que un particular puede desempeñar por sí solo, no merecen
se emplee en ellas el trabajo de muchos hombres.)

  Un mudo a nativitate,
Y más sordo que una tapia,
Vino a tratar con un ciego
Cosas de poca importancia.
  Hablaba el ciego por señas,
Que para el mudo eran claras;
Mas hízole otras el mudo,
Y él a obscuras se quedaba.
  En este apuro, trajeron,
Para que los ayudara,
A un camarada de entrambos,
Que era manco por desgracia.
  Éste las señas del mudo
Trasladaba con palabras,
Y por aquel medio el ciego
Del negocio se enteraba.
  Por último resultó,
De conferencia tan rara,
Que era preciso escribir

Sobre el asunto una carta.
   "Compañeros, saltó el manco,
Mi auxilio a tanto no alcanza;
Pero a escribirla vendrá
El dómine, si le llaman."
   --"¿Qué ha de venir (dijo el ciego),
Si es cojo, que apenas anda?
Vamos, será menester
Ir a buscarle a su casa."
   Así lo hicieron; y al fin
El cojo escribe la carta;
Díctanla el ciego y el manco,
Y el mudo parte a llevarla.
   Para el consabido asunto
Con dos personas sobraba;
Mas, como eran ellas tales,
Cuatro fueron necesarias.
   Y a no ser porque ha tan poco
Que en un lugar de la Alcarria
Acaeció esta aventura,
Testigos más de cien almas,
Bien pudiera sospecharse
Que estaba adrede inventada
Por alguno que con ella
Quiso pintar lo que pasa
Cuando, juntándose muchos
En pandilla literaria,
Tienen que trabajar todos
Para una gran patarata.

FÁBULA XLVI

El Pollo y los dos Gallos

(No ha de considerarse en un autor la edad, sino el talento.)

Un Gallo, presumido
De luchador valiente,
Y un Pollo algo crecido,
No sé por qué accidente
Tuvieron sus palabras, de manera
Que armaron una brava pelotera.
Dióse el Pollo tal maña,
Que sacudió a mi Gallo lindamente,
Quedando ya por suya la campaña,
Y el vencido sultán de aquel serrallo

Dijo, cuando el contrario no lo oía:
"¡Eh! con el tiempo no será mal Gallo:
El pobrecillo es mozo todavía."
  Jamás volvió a meterse con el Pollo;
Mas en otra ocasión, por cierto embrollo,
Teniendo un choque con un Gallo anciano,
Guerrero veterano,
Apenas le quedó pluma ni cresta:
Y dijo al retirarse de la fiesta:
"Si no mirara que es un pobre viejo...
Pero chochea y por piedad le dejo."
  Quien se meta en contienda,
Verbigracia de asunto literario,
A los años no atienda,
Sino a la habilidad de su adversario.

FÁBULA XLVII

La Urraca y la Mona

(El verdadero caudal de erudición no consiste en hacinar muchas
noticias, sino en recoger con elección las útiles y necesarias.)

A una Mona
Muy taimada
Dijo un día
Cierta Urraca:
"Si vinieras
A mi estancia,
¡Cuántas cosas
Te enseñara!
Tú bien sabes
Con qué maña
Robo, y guardo
Mil alhajas.
Ven, si quieres,
Y veráslas
Escondidas
Tras de una arca."
La otra dijo:
"Vaya en gracia;"
Y al paraje
La acompaña.
  Fué sacando
Doña Urraca
Una liga

Colorada,
Un tontillo
De casaca,
Una hebilla,
Dos medallas,
La contera
De una espada,
Medio peine,
Y una vaina
De tijeras;
Una gasa,
Un mal cabo
De navaja,
Tres clavijas
De guitarra,
Y otras muchas
Zarandajas.
   "¿Qué tal? dijo;
Vaya, hermana,
¿No me envidia?
¿No se pasma?
A fe que otra
De mi casta
En riqueza
No me iguala."
   Nuestra Mona
La miraba
Con un gesto
De bellaca;
Y al fin dijo:
"¡Patarata!
Has juntado
Lindas maulas.
Aquí tienes
Quien te gana,
Porque es útil
Lo que guarda.
Si no, mira
Mis quijadas.
Bajo de ellas,
Camarada,
Hay dos buches
O papadas,
Que se encogen
Y se ensanchan.
Como aquello
Que me basta,
Y el sobrante
Guardo en ambas
Para cuando

Me haga falta.
Tú amontonas
Mentecata,
Trapos viejos,
Y morralla;
Mas yo, nueces,
Avellanas,
Dulces, carne
Y otras cuantas
Provisiones
Necesarias."
Y esta Mona
Redomada
¿Habló sólo
Con la Urraca?
Me parece
Que más habla
Con algunos
Que hacen gala
De confusas
Misceláneas
Y fárrago
Sin substancia.

FÁBULA XLVIII

El Ruiseñor y el Gorrión

(Nadie crea saber tanto, que no tenga más que aprender.)

    Siguiendo el son del organillo un día,
Tomaba el ruiseñor lección de canto,
Y a la jaula llegándose entre tanto
El Gorrión parlero, así decía:
  "¡Cuánto me maravillo
De ver que de ese modo
Un pájaro tan diestro
A un discípulo tiene por maestro!
Porque al fin lo que sabe el organillo
A ti lo debe todo."
--"A pesar de eso (el Ruiseñor replica),
Si él aprendió de mí, yo de él aprendo.
A imitar mis caprichos él se aplica:
Yo los voy corrigiendo
Con arreglarme al arte que él enseña;
Y así pronto verás lo que adelanta

Un Ruiseñor que con escuela canta."
    ¿De aprender se desdeña
El literato grave?
Pues más debe estudiar el que más sabe.

FÁBULA XLIX

El Jardinero y su Amo

(La perfección de una obra consiste en la unión
de lo útil y de lo agradable.)

    En un jardín de flores
Había una gran fuente,
Cuyo pilón servía
De estanque a carpas, tencas y otros peces.
    Únicamente al riego
El jardinero atiende,
De modo que entre tanto
Los peces agua en que vivir no tienen.
    Viendo tal desgobierno,
Su amo le reprende;
Pues aunque quiere flores,
Regalarse con peces también quiere.
    Y el rudo jardinero
Tan puntual le obedece,
Que las plantas no riega
Para que el agua del pilón no merme.
    Al cabo de algún tiempo
El amo al jardín vuelve,
Halla secas las flores,
Y amostazado, dice de esta suerte:
    "Hombre, no riegues tanto,
Que me quede sin peces;
Ni cuides tanto de ellos,
Que sin flores, gran bárbaro, me dejes."
    La máxima es trillada,
Mas repetirse debe:
Si al pleno acierto aspiras,
Une la utilidad con el deleite.

FÁBULA L

Los dos Tordos

(No se han de apreciar los libros por su bulto ni por su tamaño.)

Persuadía un tordo abuelo,
Lleno de años y prudencia,
A un tordo, su nietezuelo,
Mozo de poca experiencia,
A que, acelerando el vuelo,
Viniese con preferencia
Hacia una poblada viña
E hiciese allí su rapiña.
  "¿Esa viña dónde está?
(Le pregunta el mozalbete),
¿Y qué fruto es el que da?"
--"Hoy te espera un gran banquete
(Dice el viejo), ven acá;
Aprende a vivir, pobrete."
Y no bien lo dijo, cuando
Las uvas le fué enseñando.
  Al verlas saltó el rapaz:
"¿Y ésta es la fruta alabada
De un pájaro tan sagaz?
¡Qué chica! ¡qué desmedrada!
¡Ea, vaya! es incapaz
Que eso pueda valer nada.
Yo tengo fruta mayor
En una huerta, y mejor."
  --"Veamos, dijo el anciano:
Aunque sé que más valdrá
De mis uvas solo un grano."
A la huerta llegan ya;
Y el joven exclama ufano:
"¡Qué fruta! ¡qué gorda está!
¿No tiene excelente traza?..."
¿Y qué era? Una calabaza.
  Que un tordo en aqueste engaño
Caiga, no lo dificulto,
Pero es mucho más extraño
Que hombre tenido por culto
Aprecie por el tamaño
Los libros, y por el bulto.
Grande es, si es buena, una obra;
Si es mala, toda ella sobra.

El Fabricante de Galones y la Encajera

(No basta que sea buena la materia de un escrito;
es menester que también lo sea el modo de tratarla.)

   Cerca de una Encajera
Vivía un Fabricante de galones.
"Vecina, ¡quién creyera
(Le dijo) que valiesen más doblones
De tu encaje tres varas
Que diez de un galón de oro de dos caras!"
  --"De que a tu mercancía
(Esto es lo que ella respondió al vecino)
Tanto exceda la mía,
Aunque en oro trabajas, y yo en lino,
No debes admirarte,
Pues más que la materia vale el arte."
   Quien desprecie el estilo,
Y diga que a las cosas sólo atiende,
Advierta que si el hilo
Más que el noble metal caro se vende,
También da la elegancia
Su principal valor a la substancia.

FÁBULA LII

El Cazador y el Hurón

(A los que se aprovechan de las noticias de otros,
y tienen la ingratitud de no citarlos.)

   Cargado de conejos,
Y muerto de calor,
Una tarde de lejos
A su casa volvía un Cazador.
   Encontró en el camino,
Muy cerca del lugar,
A un amigo y vecino,
Y su fortuna le empezó a contar.
   "Me afané todo el día
(Le dijo); pero ¡qué!
Si mejor cacería
No la he logrado, ni la lograré.

"Desde por la mañana
Es cierto que sufrí
Una buena solana;
Mas mira qué gazapos traigo aquí.
    "Te digo y te repito,
Fuera de vanidad,
Que en todo este distrito
No hay cazador de más habilidad."
    Con el oído atento
Escuchaba un Hurón
Este razonamiento,
Desde el corcho en que tiene su mansión.
    Y el puntiagudo hocico
Sacando por la red,
Dijo a su amo: "Suplico
Dos palabritas, con perdón de usted.
    "Vaya, ¿cuál de nosotros
Fué el que más trabajó?
¿Esos gazapos y otros
Quién se los ha cazado sino yo?
    "¡Patrón! ¿tan poco valgo,
Que me tratan así?
Me parece que en algo
Bien se pudiera hacer mención de mí."
    Cualquiera pensaría
Que este aviso moral
Seguramente haría
Al Cazador gran fuerza; pues no hay tal.
    Se quedó tan sereno
Como ingrato escritor
Que del auxilio ajeno
Se aprovecha, y no cita al bienhechor.

FÁBULA LIII

El Gallo, el Cerdo y el Cordero

(Suelen ciertos autores sentar como principios infalibles
del arte aquello mismo que ellos practican.)

    Había en un corral un gallinero;
En este gallinero un Gallo había;
Y detrás del corral, en un chiquero,
Un Marrano gordísimo yacía.
Ítem más, se criaba allí un Cordero,
Todos ellos en buena compañía;

Y ¿quién ignora que estos animales
Juntos suelen vivir en los corrales?
   Pues (con perdón de ustedes) el Cochino
Dijo un día al Cordero: "¡Qué agradable,
Qué feliz, qué pacífico destino
Es el poder dormir! ¡Qué saludable!
Yo te aseguro, como soy gorrino,
Que no hay, en esta vida miserable,
Gusto como tenderse a la bartola,
Roncar bien y dejar rodar la bola."
   El Gallo por su parte al tal Cordero
Dijo en otra ocasión: "Mira, inocente,
Para estar sano, para andar ligero,
Es menester dormir muy parcamente.
El madrugar, en Julio u en Febrero,
Con estrellas, es método prudente,
Porque el sueño entorpece los sentidos,
Deja los cuerpos flojos y abatidos."
   Confuso, ambos dictámenes coteja
El simple Corderillo, y no adivina
Que lo que cada uno le aconseja
No es más que aquello mismo a que se inclina.
Acá entre los autores ya es muy vieja
La trampa de sentar como doctrina
Y gran regla, a la cual nos sujetamos,
Lo que en nuestros escritos practicamos.

FÁBULA LIV

El Pedernal y el Eslabón

(La naturaleza y el arte han de ayudarse reciprocamente.)

   Al eslabón de cruel
Trató el pedernal un día,
Porque a menudo le hería
Para sacar chispas de él.
Riñendo éste con aquél,
Al separarse los dos,
"Quedaos, dijo, con Dios.
¿Valéis vos algo sin mí?"
Y el otro responde: "Sí,
Lo que sin mí valéis vos."
   Este ejemplo material
Todo escritor considere,
Que el largo estudio no uniere

Al talento natural.
Ni da lumbre el pedernal
Sin auxilio de eslabón,
Ni hay buena disposición
Que luzca faltando el arte.
Si obra cada cual aparte,
Ambos inútiles son.

FÁBULA LV

El Juez y el Bandolero

(La costumbre inveterada no debe autorizar lo que la razón condena.)

   Prendieron por fortuna a un Bandolero,
A tiempo cabalmente
Que de vida y dinero
Estaba despojando a un inocente.
Hízole cargo el Juez de su delito;
Y él respondió: "Señor, desde chiquito
Fuí gato algo feliz en raterías;
Luego hebillas, relojes, capas, cajas,
Espadines robé, y otras alhajas;
Después, ya entrado en días,
Escalé casas; y hoy, entre asesinos,
Soy salteador famoso de caminos.
Conque, vueseñoría no se espante
De que yo robe y mate a un caminante;
Porque este y otros daños
Los he estado yo haciendo cuarenta años."
   ¿Al Bandolero culpan?
Pues ¿por ventura dan mejor salida
Los que, cuando disculpan
En las letras su error o su mal gusto,
Alegan la costumbre envejecida
Contra el dictamen racional y justo?

FÁBULA LVI

La Criada y la Escoba

(Hay correctores de obras ajenas, que añaden
más errores de los que corrigen.)

Cierta criada la casa barría
Con una escoba muy puerca y muy vieja.
"Reniego yo de la escoba (decía):
Con su basura y pedazos que deja
Por donde pasa,
Aun más ensucia que limpia la casa."
Los remendones, que escritos ajenos
Corregir piensan, acaso de errores
Suelen dejarlos diez veces más llenos...
Mas no haya miedo que de estos señores
Diga yo nada:
Que se lo diga por mí la criada.

FÁBULA LVII

El Naturalista y las Lagartijas

(A ciertos libros se les hace demasiado favor en criticarlos.)

Vió en una huerta
Dos Lagartijas
Cierto curioso
Naturalista.
Cógelas ambas,
Y a toda prisa
Quiere hacer de ellas
Anatomía.
Ya me ha pillado
La más rolliza;
Miembro por miembro
Ya me la trincha;
El microscopio
Luego le aplica.
Patas y cola,
Pellejo y tripas,
Ojos y cuello,
Lomo y barriga,
Todo lo aparta,

Y lo examina.
Toma la pluma,
De nuevo mira,
Escribe un poco,
Recapacita.
Sus mamotretos
Después registra;
Vuelve a la propia
Carnicería.
Varios curiosos
De su pandilla
Entran a verle:
Dales noticia
De lo que observa;
Unos se admiran,
Otros preguntan,
Otros cavilan.
　Finalizada
La anatomía,
Cansóse el sabio
De Lagartija.
Soltó la otra,
Que estaba viva.
Ella se vuelve
A sus rendijas,
En donde hablando
Con sus vecinas,
Todo el suceso
Les participa.
"No hay que dudarlo,
No (las decía):
Con estos ojos
Lo ví yo misma.
Se ha estado el hombre
Todito un día
Mirando el cuerpo
De nuestra amiga.
¿Y hay quien nos trate
De sabandijas?
¿Cómo se sufre
Tal injusticia,
Cuando tenemos
Cosas tan dignas
De contemplarse
Y andar escritas?
¡No hay que abatirse,
Noble cuadrilla!
Valemos mucho,
Por más que digan."
　¡Y querrán luego

Que no se engrían
Ciertos autores
De obras inicuas!
Los honra mucho
Quien los critica.
No seriamente,
Muy por encima,
Deben notarse
Sus tonterías;
Que hacer gran caso
De Lagartijas,
Es dar motivo
De que repitan:
"¡Valemos mucho,
Por más que digan!"

FÁBULA LVIII

La Discordia de los Relojes

(Los que piensan que con citar una autoridad, buena o mala, quedan
disculpados de cualquier yerro, no advierten que la verdad no puede ser
más de una, aunque las opiniones sean muchas.)

Convidados estaban a un banquete
Diferentes amigos, y uno de ellos,
Que, faltando a la hora señalada,
Llegó después de todos, pretendía
Disculpar su tardanza. "¿Qué disculpa
Nos podrás alegar?" (le replicaron).
Él sacó su reloj, mostróle, y dijo:
"¿No ven ustedes cómo vengo a tiempo?
Las dos en punto son."--"¡Qué disparate!
(Le respondieron); tu reloj atrasa
Más de tres cuartos de hora."--"¡Pero, amigos!
(Exclamaba el tardío convidado)
¿Qué más puedo yo hacer que dar el texto?
Aquí está mi reloj"... Note el curioso
Que era este señor mío como algunos
Que un absurdo cometen, y se excusan
Con la primera autoridad que encuentran.
Pues, como iba diciendo de mi cuento,
Todos los circunstantes empezaron
A sacar sus relojes en apoyo
De la verdad. Entonces advirtieron
Que uno tenía el cuarto, otro la media,

Otro las dos y veinte y seis minutos,
Éste catorce más, aquél diez menos:
No hubo dos que conformes estuvieran.
   En fin, todo era dudas y cuestiones.
Pero a la astronomía cabalmente
Era el amo de casa aficionado;
Y consultando luego su infalible,
Arreglado a una exacta meridiana,
Halló que eran las tres y dos minutos,
Con lo cual puso fin a la contienda,
Y concluyó diciendo: "¡Caballeros!
Si contra la verdad piensan que vale
Citar autoridades y opiniones,
Para todo las hay; mas, por fortuna,
Ellas pueden ser muchas, y ella es una."

FÁBULA LIX

El Topo y otros animales

(Nadie confiesa su ignorancia, por más patente que ella sea.)

   Ciertos animalitos,
Todos de cuatro pies,
A la gallina ciega
Jugaban una vez.
   Un Perrillo, una Zorra
Y un Ratón, que son tres;
Una Ardilla, una Liebre
Y un Mono, que son seis.
   Éste a todos vendaba
Los ojos, como que es
El que mejor se sabe
De las manos valer.
   Oyó un Topo la bulla,
Y dijo: "Pues, pardiez,
Que voy allá, y en rueda
Me he de meter también."
   Pidió que le admitiesen;
Y el Mono, muy cortés,
Se lo otorgó (sin duda
Para hacer burla de él).
   El Topo a cada paso
Daba veinte traspiés,
Porque tiene los ojos
Cubiertos de una piel;

Y a la primera vuelta,
Como era de creer,
Facilísimamente
Pillan a su merced.
   De ser gallina ciega
Le tocaba la vez;
Y ¿quién mejor podía
Hacer este papel?
   Pero él, con disimulo,
Por el bien parecer,
Dijo al Mono: "¿Qué hacemos?
Vaya ¿me venda usted?"
   Si el que es ciego, y lo sabe,
Aparenta que ve,
¿Quien sabe que es idiota,
Confesará que lo es?

FÁBULA LX

El Volatín y su Maestro

(En ninguna facultad puede adelantar
el que no se sujeta a principios.)

   Mientras de un Volatín bastante diestro
Un principiante mozalbillo toma
Lecciones de bailar en la maroma,
Le dice: "Vea usted, señor Maestro,
   "Cuánto me estorba y cansa este gran palo
Que llamamos chorizo o contrapeso;
Cargar con un garrote largo y grueso
Es lo que en nuestro oficio hallo yo malo.
   "¿A qué fin quiere usted que me sujete,
Si no me faltan fuerzas ni soltura?
¿Por ejemplo, este paso, esta postura
No la haré yo mejor sin el zoquete?
   "Tenga usted cuenta... No es difícil... nada..."
Así decía, y suelta el contrapeso.
El equilibrio pierde... ¡Adiós! ¿Qué es eso?
¿Qué ha de ser? una buena costalada.
   "¡Lo que es auxilio juzgas embarazo,
Incauto joven! (el Maestro dijo):
¿Huyes del arte y método? ¡Pues, hijo,
No ha de ser éste el último porrazo!"

FÁBULA LXI

El Sapo y el Mochuelo

(Hay pocos que den sus obras a luz con aquella desconfianza
y temor que debe tener todo escritor sensato.)

Escondido en el tronco de un árbol
Estaba un Mochuelo;
Y pasando no lejos un Sapo,
Le vió medio cuerpo.
"¡Ah de arriba, señor solitario!
Dijo el tal escuerzo:
Saque usted la cabeza, y veamos
Si es bonito o feo."
  --"No presumo de mozo gallardo,
Respondió el de adentro;
Y aun por eso a salir a lo claro
Apenas me atrevo;
  Pero usted, que de día su garbo
Nos viene luciendo,
¿No estuviera mejor agachado
En otro agujero?"
  ¡Oh qué pocos autores tomamos
Este buen consejo!
Siempre damos a luz, aunque malo,
Cuanto componemos;
  Y tal vez fuera bien sepultarlo;
Pero ¡ay, compañeros!
Más queremos ser públicos Sapos
Que ocultos Mochuelos.

FÁBULA LXII

El Burro del Aceitero

(A los que juntan muchos libros, y ninguno leen.)

En cierta ocasión un cuero
Lleno de aceite llevaba
Un Borrico, que ayudaba
En su oficio a un Aceitero.
  A paso un poco ligero
De noche en su cuadra entraba,
Y de una puerta en la aldaba

Se dió el golpazo más fiero.
    "¡Ay! clamó: ¿no es cosa dura
Que tanto aceite acarree,
Y tenga la cuadra obscura?"
    Me temo que se mosquee
De este cuento quien procura
Juntar libros que no lee;
    ¿Se mosquea? Bien está;
Pero este tal, ¿por ventura
Mis fábulas leerá?

FÁBULA LXIII

La Contienda de los Mosquitos

(Es igualmente injusta la preocupación exclusiva a favor de la
literatura antigua o a favor de la moderna.)

    Diabólica refriega
Dentro de una bodega
Se trabó entre infinitos
Bebedores Mosquitos.
(Pero extraño una cosa:
Que el buen Villaviciosa
No hiciese en su Mosquea
Mención de esta pelea.)
    Era el caso que muchos,
Expertos y machuchos,
Con tesón defendían
Que ya no se cogían
Aquellos vinos puros,
Generosos, maduros,
Gustosos y fragantes,
Que se cogían antes.
    En sentir de otros varios,
A esta opinión contrarios,
Los vinos excelentes
Eran los más recientes,
Y del opuesto bando
Se burlaban, culpando
Tales ponderaciones
Como declamaciones
De apasionados jueces,
Amigos de vejeces.
    Al agudo zumbido
De uno y otro partido

Se hundía la bodega,
Cuando héteme que llega
Un anciano Mosquito,
Catador muy perito;
Y dice, echando un taco:
"¡Por vida del dios Baco...!
(Entre ellos ya se sabe
Que es juramento grave):
Donde yo estoy, ninguno
Dará más oportuno
Ni más fundado voto;
Cese ya el alboroto.
A fe de buen Navarro,
Que en tonel, bota o jarro,
Barril, tinaja, o cuba,
El jugo de la uva
Difícilmente evita
Mi cumplida visita;
Y en esto de catarle,
Distinguirle y juzgarle,
Puedo poner escuela
De Jerez a Tudela,
De Málaga a Peralta,
De Canarias a Malta,
De Oporto a Valdepeñas.
Sabed, por estas señas,
Que es un gran desatino
Pensar que todo vino
Que desde su cosecha
Cuenta larga la fecha,
Fué siempre aventajado.
Con el tiempo ha ganado
En bondad, no lo niego;
Pero si él desde luego
Mal vino hubiera sido,
Ya se hubiera torcido;
Y al fin también había,
Lo mismo que en el día,
En los siglos pasados,
Vinos avinagrados.
Al contrario, yo pruebo
A veces vino nuevo,
Que apostarlas pudiera
Al mejor de otra era.
Y si muchos agostos
Pasan por ciertos mostos
De los que hoy se reprueban,
Puede ser que los beban
Por vinos exquisitos
Los futuros Mosquitos.

Basta ya de pendencia;
Y por final sentencia
El mal vino condeno,
Le chupo cuando es bueno,
Y jamás averiguo
Si es moderno o antiguo."
  Mil doctos importunos,
Por lo antiguo los unos,
Otros por lo moderno,
Sigan litigio eterno.
Mi texto favorito
Será siempre el Mosquito.

FÁBULA LXIV

La Rana y la Gallina

(Al que trabaja algo, puede disimulársele que lo pregone;
el que nada hace, debe callar.)

  Desde su charco una parlera Rana
Oyó cacarear a una Gallina.
"Vaya (le dijo), no creyera, hermana,
Que fueras tan incómoda vecina.
Y con toda esa bulla, ¿qué hay de nuevo?"
--"Nada, sino anunciar que pongo un huevo."
  --"¿Un huevo solo? ¡Y alborotas tanto!"
--"Un huevo solo; sí, señora mía.
¿Te espantas de eso, cuando no me espanto
De oírte cómo graznas noche y día?
  Yo, porque sirvo de algo, lo publico;
Tú, que de nada sirves, calla el pico."

FÁBULA LXV

El Escarabajo

(Lo delicado y ameno de las buenas letras no agrada a los que se
entregan al estudio de una erudición pesada y de mal gusto.)

  Tengo para una fábula un asunto,
Que pudiera muy bien... pero algún día

Suele no estar la musa muy en punto.
  Esto es lo que hoy me pasa con la mía;
Y regalo el asunto a quien tuviere
Más despierta que yo la fantasía;
  Porque esto de hacer fábulas requiere
Que se oculte en los versos el trabajo,
Lo cual no sale siempre que uno quiere.
  Será, pues, un pequeño Escarabajo
El héroe de la fábula dichosa,
Porque conviene un héroe vil y bajo.
  De este insecto refieren una cosa:
Que, comiendo cualquiera porquería,
Nunca pica las hojas de la rosa.
  Aquí el autor con toda su energía
Irá explicando, como Dios le ayude,
Aquella extraordinaria antipatía.
  La mollera es preciso que le sude
Para insertar después una advertencia
Con que entendamos a lo que esto alude;
  Y según le dictare su prudencia,
Echará circunloquios y primores,
Con tal que diga en la final sentencia:
  Que así como la reina de las flores
Al sucio Escarabajo desagrada,
Así también a góticos doctores
Toda invención amena y delicada.

FÁBULA LXVI

El Ricote erudito

(Descubrimiento útil para los que fundan su
ciencia únicamente en saber muchos títulos de libros.)

  Hubo un Rico en Madrid (y aun dicen que era
Más necio que rico),
Cuya casa magnífica adornaban
Muebles exquisitos.
  "¡Lástima que en vivienda tan preciosa
(Le dijo un amigo)
Falte una librería, bello adorno,
Útil y preciso!"
  --"Cierto, responde el otro. ¡Que esa idea
No me haya ocurrido!...
A tiempo estamos. El salón del norte
A este fin destino.

"Que venga el ebanista y haga estantes
Capaces, pulidos,
A toda costa. Luego trataremos
De comprar los libros."
  Ya tenemos estantes. "Pues ahora,
El buen hombre dijo,
¡Echarme yo a buscar doce mil tomos!
¡No es mal ejercicio!
  "Perderé la chabeta, saldrán caros,
Y es obra de un siglo...
Pero ¿no era mejor ponerlos todos
De cartón fingidos?
  "Ya se ve. ¿Por qué no? Para estos casos
Tengo un pintorcillo
Que escriba buenos rótulos, e imite
Pasta y pergamino."
  Manos a la labor. Libros curiosos,
Modernos y antiguos,
Mandó pintar, y, a más de los impresos,
Varios manuscritos.
  El bendito señor repasó tanto
Sus tomos postizos,
Que, aprendiendo los rótulos de muchos,
Se creyó erudito.
  Pues ¿qué más quieren los que sólo estudian
Títulos de libros,
Si con fingirlos de cartón pintado
Les sirven lo mismo?

FÁBULA LXVII

La Víbora y la Sanguijuela

(No confundamos la buena crítica con la mala.)

  "Aunque las dos picamos (dijo un día
La Víbora a la simple Sanguijuela),
De tu boca reparo que se fía
El hombre, y de la mía se recela."
  La Chupona responde: "Ya, querida;
Mas no picamos de la misma suerte:
Yo, si pico a un enfermo, le doy vida;
Tú, picando al más sano, le das muerte."
  Vaya ahora de paso una advertencia:
Muchos censuran, sí, lector benigno;
Pero a fe que hay bastante diferencia
De un censor útil a un censor maligno.

FÁBULA LXVIII

El Ricacho metido a Arquitecto

(Los que mezclan voces anticuadas con las de buen uso, para acreditarse
de escribir bien el idioma, le escriben mal y se hacen ridículos.)

Cierto Ricacho, labrando una casa
De arquitectura moderna y mezquina,
Desenterró de una antigua ruína,
Ya un capitel, ya un fragmento de basa,
Aquí un adorno y allá una cornisa,
Media pilastra y alguna repisa.
Oyó decir que eran restos preciosos
De la grandeza y del gusto romano,
Y que arquitectos de juicio muy sano
Con imitarlos se hacían famosos.
Para adornar su infeliz edificio,
En él a trechos los fué repartiendo.
¡Lindo pegote! ¡gracioso remiendo!
Todos se ríen del tal frontispicio,
Menos un quídam que tiene unos lejos
Como de docto, y es tal su manía,
Que desentierra vocablos añejos
Para amasarlos con otros del día.

FÁBULA LXIX

El Médico, el Enfermo y la Enfermedad

(Lo que en medicina parece ciencia y acierto,
suele ser efecto de pura casualidad.)

Batalla el enfermo
Con la enfermedad,
Él por no morirse,
Y ella por matar.
Su vigor apuran
A cual puede más,
Sin haber certeza
De quién vencerá.
Un corto de vista,
En extremo tal,
Que apenas los bultos
Puede divisar,

Con un palo quiere
Ponerlos en paz:
Garrotazo viene,
Garrotazo va;
Si tal vez sacude
A la enfermedad,
Se acredita el ciego
De lince sagaz;
Mas si, por desgracia,
Al enfermo da,
El ciego no es menos
Que un topo brutal.
¿Quién sabe cuál fuera
Más temeridad,
Dejarlos matarse
O ir a meter paz?
   Antes que te dejes
Sangrar o purgar,
Ésta es fabulilla
Muy medicinal.

FÁBULA LXX

El Canario y el Grajo

(El que para desacreditar a otro recurre a medios injustos,
suele desacreditarse a sí propio.)

Hubo un Canario que, habiéndose esmerado en adelantar en su canto, logró
divertir con él a varios aficionados y empezó a tener aplauso. Un
Ruiseñor extranjero, generalmente acreditado, hizo particulares elogios
de él, animándole con su aprobación.

Lo que el Canario ganó, así con este favorable voto, como con lo que
procuró estudiar para hacerse digno de él, excitó la envidia de algunos
pájaros. Entre éstos había unos que también cantaban, bien o mal, y
justamente por ello le perseguían. Otros nada cantaban, y por lo mismo
le cobraron odio. Al fin un Grajo, que no podía lucir por sí, quiso
hacerse famoso con empezar a chillar públicamente entre las aves contra
el Canario. No acertó a decir en qué cosa era defectuoso su canto; pero
le pareció que para desacreditarle bastaba ridiculizarle el color de la
pluma, la tierra en que había nacido, etc., acusándole, sin pruebas, de
cosas que nada tenían que ver con lo bueno o malo de su canto. Hubo
algunos pájaros de mala intención que aprobaron y siguieron lo que dijo
el Grajo.

Empeñóse éste en demostrar a todos que el que habían tenido hasta entonces por un Canario diestro en el canto, no era sino un borrico, y que lo que en él había pasado por verdadera música era en la realidad un continuado rebuzno. "¡Cosa rara! decían algunos; el Canario rebuzna; el Canario es un borrico." Extendióse entre los animales la fama de tan nueva maravilla, y vinieron a ver cómo un Canario se había vuelto burro. El Canario, aburrido, no quería ya cantar; hasta que el Águila, reina de las aves, le mandó que cantase para ver si en efecto rebuznaba o no; porque, si acaso era verdad que rebuznaba, quería excluirle del número de sus vasallos los pájaros. Abrió el pico el Canario, y cantó a gusto de la mayor parte de los circunstantes. Entonces el Águila, indignada de la calumnia que había levantado el Grajo, suplicó a su señor, el dios Júpiter, que le castigase. Condescendió el dios, y dijo al Águila que mandase cantar al Grajo. Pero cuando éste quiso echar la voz, empezó, por soberana permisión, a rebuznar horrorosamente. Riéronse todos los animales y dijeron: Con razón se ha vuelto asno el que quiso hacer asno al Canario.

FÁBULA LXXI

El Guacamayo y el Topo

(Por lo general pocas veces aprueban los autores las obras de los otros, por buenas que sean; pero lo hacen los inteligentes que no escriben.)

Mirándose al soslayo
Las alas y la cola un Guacamayo
Presumido, exclamó: "¡Por vida mía,
Que aun el Topo, con todo que es un ciego,
Negar que soy hermoso no podría!..."
Oyólo el Topo y dijo: "No lo niego;
Pero otros guacamayos por ventura
No te concederán esa hermosura."
El favorable juicio
Se ha de esperar más bien de un hombre lego
Que de un nombre capaz, si es del oficio.

FÁBULA LXXII

El Canario y otros Animales

(Hay muchas obras excelentes que se miran con la mayor indiferencia.)

De su jaula un día
Se escapó un Canario,
Que fama tenía
Por su canto vario.
  "¡Con qué regocijo
Me andaré viajando,
Y haré alarde, dijo,
De mi acento blando!"
  Vuela con soltura
Por bosques y prados,
Y el caudal apura
De dulces trinados.
  Mas ¡ay! aunque invente
El más suave paso,
No encuentra viviente
Que de él haga caso.
  Una Mariposa
Le dice burlando:
"Yo de rosa en rosa
Dando vueltas ando.
  "Serás ciertamente
Un músico tracio;
Pero busca oyente
Que esté más despacio."
  --"Voy, dijo la Hormiga,
A buscar mi grano...
Mas usted prosiga,
Cantor soberano."
  La Raposa añade:
"Celebro que el canto
A todos agrade;
Pero yo entre tanto
  "(Esto es lo primero)
Me voy acercando
Hacia un gallinero
Que me está esperando."
  --"Yo, dijo un Palomo,
Ando enamorado,
Y así el vuelo tomo
Hasta aquel tejado.
  "A mi palomita
Es ya necesario
Hacer mi visita;

Perdone el Canario."
  Gorjeando estuvo
El músico grato;
Mas apenas hubo
Quien le oyese un rato.
  ¡A cuántos autores
Sucede otro tanto!

FÁBULA LXXIII

El Mono y el Elefante

(Muchos autores celebran solamente sus propias obras
y las de sus amigos o condiscípulos.)

  A un congreso de varios animales
Con toda seriedad el Mono expuso
Que, a imitación del uso
Establecido entre hombres racionales,
Era vergüenza no tener historia,
Que, al referir su origen y sus hechos,
Instruirlos pudiese y darles gloria.
Quedando satisfechos
De la propuesta idea,
El Mono se encargó de la tarea,
Y el rey León en pleno consistorio
Mandó se le asistiese puntualmente
Con una asignación correspondiente,
Además de los gastos de escritorio.
  Pide al ganso una pluma
El nuevo autor; emprende su faena,
Y desde luego en escribir se estrena
Una histórica suma,
Que sólo contenía los anales
Suyos y de los monos compañeros;
Mas pasando después años enteros,
Nada habló de los otros animales,
Que esperaron en vano
Volver a ver más letra de su mano.
  El Elefante, como sabio, un día
Por tan grave omisión cargos le hacía,
Y respondióle el Mono: "No te espantes;
Pues aun en esto a muchos hombres copio.
Obras prometo al público importantes,
Y al fin no escribo más que de mí propio."

FÁBULA LXXIV

El río Tajo, una Fuente y un Arroyo

(Los escritores sensatos, aunque se digan desatinos
de sus obras, continúan trabajando.)

En tu presencia, venerable Río,
(Al Tajo de este modo habló una Fuente)
De un Poeta me quejo amargamente,
Porque ha dicho (y no hay tal) que yo me río.
Un Arroyo añadió: Sí, Padre mío;
Es una furia lo que ese hombre miente.
Yo voy a mi camino, no censuro,
Y, con todo, ha fingido que murmuro.
  Dicen que el Tajo luego
Así les respondió con gran sosiego:
"¿No tengo yo también oro en mi arena?
¿Pues qué? ¿De los Poetas os espantan
Los falsos testimonios?.... No os dé pena.
Mayores entre sí se los levantan.
Reid y murmurad enhorabuena."

FÁBULA LXXV

El Caracol y los Galápagos

(Aunque se reúnan varios sujetos para escribir una obra, si carecen de
ciencia, tan despreciable saldrá como si la hubiese escrito un ignorante solo.)

Aunque no es bueno el todo
Si no lo son las partes,
Y vale poco el Cuerpo
En que cada individuo poco vale,
  Muchos que obras no estiman
De los particulares,
Si estos las hacen juntos,
Con respeto las miran al instante.
  Un Caracol terrestre
Al caer de la tarde
Salió a tomar el fresco,
Y a un Galápago vió, que iba de viaje.
  No se apresure hermano,
(Le dijo por burlarse
Del paso que llevaba)

Añadiendo otras pullas bien picantes.
  Diez Galápagos juntos
Topó mas adelante,
Que de un pequeño charco
Pasaban a buscar otro mas grande.
  Y el Caracol entonces
A cuadrilla tan grave
Dejó libre el camino,
Diciendo Únicamente; "Ustedes pasen."
  Al Galápago solo
Tuvo por despreciable;
Pero a los diez unidos
Tuvo como a personas de carácter.

FÁBULA LXXVI

La Verruga, el Lobanillo y la Corcova

(De las obras de un mal poeta, la más
reducida es la menos perjudicial.)

Cierto Poeta
(Que por oficio
Era de aquellos
Cuyos caprichos
Antes que puedan
Ponerse en limpio
Ya en los Teatros
Son aplaudidos)
Trágicos dramas,
Comedias hizo,
Varios Sainetes
De igual estilo.
Aunque pagado
De sus Escritos,
Pidió, no obstante,
A un docto amigo
Que le dijera
Sin artificio
Cuál de su aprecio
Era más digno.
  Él le responde:
"Yo más me inclino
A los sainetes."
--"¿Por qué motivo?"
--"Tenga paciencia;

Voy a decirlo...
Óigame un cuento
Nada prolijo.
    "Una Verruga,
Un Lobanillo
Y una Corcova,
¡Miren qué trío!
Diz que tenían
Cierto litigio
Sobre cuál de ellos
Era más lindo.
Doña Joroba,
Por lo crecido,
La primacía
Llevarse quiso.
Quiso, porque era
Don Lobanillo
Proporcionado,
Ser más pulido.
Mas la Verruga
Pidió lo mismo,
Porque su gracia
Funda en lo chico.
    "Esta contienda
Oyó un perito;
Dióle gran risa,
Y al punto dijo:
¡Vaya, Verruga,
Que hablas con juicio!
Sois todos tres, a la verdad, tan buenos,
Que bien puedes decir: Del mal el menos."

CPSIA information can be obtained
at www.ICGtesting.com
Printed in the USA
LVHW050150030822
725014LV00006B/186